Vente du Samedi 19 Janvier 1866

VERRES DE VENISE

Exposition publique le Vendredi 18 Janvier

Me CHARLES PILLET,
COMMISSAIRE-PRISEUR

M. CARLE DELANGE,
EXPERT

1866

CATALOGUE

D'UNE JOLIE RÉUNION DE

VERRES DE VENISE

FORMANT LA COLLECTION D'UN

AMATEUR ÉTRANGER

DONT LA VENTE AUX ENCHÈRES PUBLIQUES AURA LIEU

HOTEL DROUOT, SALLE N° 5

Le Samedi 19 Janvier 1867

A DEUX HEURES

Par le ministère de Me **Charles PILLET**, Commissaire-Priseur, rue de Choiseul, 11,

Assisté de **M. Carle DELANGE**, Expert, quai Voltaire, 3.

Chez lesquels se trouve le présent Catalogue.

EXPOSITION PUBLIQUE

Le Vendredi 18 Janvier 1867, de une heure à cinq heures.

CONDITIONS DE LA VENTE

Elle sera faite au comptant.

Les adjudicataires payeront *cinq pour cent* en sus des enchères.

L'exposition mettant le public à même de se rendre compte de l'état des objets, il ne sera admis aucune réclamation une fois l'adjudication prononcée.

Paris. — Imprimerie de PILLET fils aîné, rue des Grands-Augustins, 5

DÉSIGNATION DES OBJETS

VERRES DE VENISE

1 — Verre à ailerons, dont le pied et le calice en verre lisse sont liés par une tige élevée, formée de deux serpents chimériques dont le corps est composé de filets blancs, bleus et jaunes, la crête en verre bleu.

2 — Autre semblable, à filigranes bleus et roses.

3 — Autre semblable, à filigranes blancs.

4 — Autre semblable, dont les têtes de serpents ont été coupées.

5 — Autre semblable, à filigranes bleus, roses et blancs.

6 — Verre à ailerons semblable aux précédents, à filigranes blancs.

7 — Autre semblable, à filets blancs et roses.

8 — Autre semblable, à calice évasé; les serpents formés de filets blancs, jaunes et roses.

9 — Autre semblable, à filigranes jaunes et roses.

10 — Autre semblable, à filigranes blancs et bleus.

11 — Autre semblable; les serpents formés de filets blancs opaques; le calice est cannelé.

12 — Autre verre semblable; les serpents formés de filets blancs et roses.

13 — Autre à peu près semblable; les serpents à filets blancs et roses. Le calice gravé à la pointe de diamant.

14 — Autre semblable, à filigranes blancs.

15 — Autre semblable, dont les serpents sont en verre blanc et les corps à filets roses et jaunes; le calice gravé à la pointe de diamant.

16 — Autre à calice évasé, dont les serpents sont en verre blanc à filet blanc opaque.

17 — Autre semblable, à calice évasé, les serpents en verre blanc avec le corps formé de filigranes roses et blancs.

18 — Verre semblable aux précédents, à calice évasé ; les serpents en verre blanc, avec le corps formé de filigranes blanss.

19 — Autre semblable, à filigranes blancs et roses.

20 — Verre dont le calice, à double renflement, est monté sur pied élevé à ailerons bleus et filigranes blancs.

21 — Petit verre forme tulipe, sur pied élevé, à ailerons blancs et bleus.

22 — Verre à pied élevé et ailerons bleus et blancs, dont le calice est strié.

23 — Petit verre à ailerons blancs et bleus.

24 — Verre à boire, dont le calice est gravé à la pointe et le pied à ailerons blancs et bleus.

25 — Petit verre à boire sur pied élevé, à ailerons bleus.

26 — Coupe évasée sur pied élevé, à ailerons filigranés de blanc.

27 — Petite coupe à pied élevé, à ailerons bleus.

28 — Petit verre à calice évasé, dont le pied élevé est orné de deux ailerons en verre bleu et blanc.

29 — Verre sur pied élevé, à ailerons bleus, filigrané blanc et rose.

30 — Verre à champagne sur pied à ailerons blancs et bleus.

31 — Verre à champagne à pied avec ailerons en verre blanc et bleu.

32 — Grand vidrecome en verre craquelé, imitant la glace fondante, décoré de muffles de lions en relief.

33 — Grand sceau à anse mobile en verre craquelé, imitant la glace fondante.

34 — Coupe en verre craquelé, imitant la glace fondante.

35 — Petite coupe à deux anses en verre craquelé, imitant la glace fondante.

36 — Gobelet à filet bleu en verre craquelé, imitant la glace fondante.

37 — Verre de forme carrée, formé d'une suite de filets en relief, sur pied, dont le nœud est en verre bleu.

38 — Verre à boire monté sur pied élevé en verre strié, le calice de forme aplatie.

39 — Grand vase à boire, dont le calice strié est monté sur pied à balustre moulé en relief.

39 *bis* — Très-beau calice à couvercle et à pied à balustre en verre moucheté d'émaux de couleurs variées.

40 — Grand verre à long calice, dont le piédouche est décoré d'ornements en relief dorés; xve siècle.

41 — Petit verre à bossages orné de deux anses en verre bleu.

42 — Verre à pans et à cannelures horizontales sur pied à balustre cannelé.

43 — Joli vase forme tulipe à piédouche et à couvercle en verre filigrané blanc.

44 — Vase à boire, dont le calice en verre bleu est monté sur pied élevé en verre lisse.

45 — Gobelet en verre quadrillé de filigranes blancs.

46 — Vase sur pied élevé en verre à filigranes blancs.

47 — Gobelet en verre, imitant un travail de vannerie.

48 — Grand verre à piédouche, dont le calice est à bossages.

49 — Grand verre à piédouche et à couvercle, dont le calice est orné d'une couronne à reliefs en verre bleu.

50 — Verre sur pied élevé, formé de renflements, allant en s'élargissant jusqu'à l'ouverture.

51 — Calice à piédouche en verre lisse avec filets bleus; au centre un tube.

52 — Verre dont le calice en verre violét est monté sur pied en verre blanc; le pied et le calice gravés à la pointe.

53 — Grand gobelet en verre vert sur pied élevé à balustre.

54 — Deux gobelets en verre vert sur pieds en verre lisse.

55 — Calice en verre rubis monté sur pied élevé en verre blanc.

56 — Très-joli calice à pied élevé en verre filigrané blanc.

57 — Vidrecome en verre filigrané blanc et bleu, décoré de mascarons en relief.

58 — Grand verre à champagne entièrement recouvert de feuillages et d'une frise représentant un sujet de chasse gravés à la pointe.

59 — Petit vase en verre, imitant la vannerie, sur pied à balustre moulé en relief, décoré de mascarons en relief et dorés.

60 — Vase à couvercle, sur pied à balustre, décoré de petits mascarons en relief, la panse à godrons; à l'intérieur, une boule en relief imitant une pomme de pin.

61 — Vase à couvercle sur pied à balustre en verre lisse; à l'intérieur, une boule en saillie décorée de feuillages émaillés.

62 — Vase de forme allongée sur piédouche, en verre filigrané blanc.

63 — Grande coupe à piédouche et à godrons couverte d'imbrications émaillées en blanc et dorées; le tout rehaussé de points d'émail bleus, verts et rouges.

64 — Grande coupe à piédouche et à godrons ornée d'imbrications dorées et rehaussées d'émail bleu et blanc.

65 — Coupe godronnée décorée d'imbrications d'or rehaussées d'émail bleu, blanc et rouge.

66 — Jolie coupe à fond godronné, dont le bord à filet bleu est couvert d'imbrications d'or et de points d'émail blanc et bleu.

67 — Grande coupe à piédouche en verre lisse; la panse à godrons.

68 — Petite coupe à bord bleu et à deux anses, décorée de godrons en relief.

69 — Petite coupe à bord bleu et à deux anses en verre lisse, ornée de quadrillés en relief.

70 — Coupe sur pied élevé en verre imitant la vannerie.

71 — Petite coupe à godrons et à filet bleu, montés sur pied élevé.

72 — Petite coupe à piédouche en verre filigrané blanc; la coupe est repliée vers le haut et forme le carré.

73 — Coupe en verre strié avec deux anses en verre bleu; au centre s'élève une boule en verre bleu.

74 — Petite coupe en verre bleu godronné, à piédouche en verre blanc bordé d'un filet bleu.

75 — Coupe en verre lisse à piédouche, dont le balustre est décoré d'ornements en relief.

76 — Coupe sur pied à balustre moulé en relief, formant têtes de lions.

77 — Coupe sur pied à balustre moulé en relief; à l'intérieur, une peinture représentant une barque avec des personnages persans.

78 — Très-grand plateau en verre lisse entièrement couvert de feuillages et d'arabesques gravés à la pointe de diamant.

79 — Très-grand plateau creux, dont le fond est à godrons, formant rosace.

80 — Grand plateau en verre filigrané blanc, formant un quadrillé sur le fond.

81 — Grand plateau creux à bord filigrané blanc et rose; au centre, une peinture représentant Adam et Ève.

82 — Plateau creux couvert de peintures représentant sur le bord des feuillages et des armoiries; au centre, un buste de chevalier.

83 — Petite coupe basse en verre filigrané blanc.

84 — Petit plateau en verre lisse gravé à la pointe.

85 — Grand plateau à pied élevé décoré d'une rosace en verre bleu et couvert d'ornements gravés à la pointe de diamant.

86 — Autre semblable.

87 — Petit plateau à piédouche en verre bleu strié.

88 — Petit plateau en verre lisse orné d'une couronne de verre bleu en relief.

89 — Plateau à godrons strié en verre vert.

90 — Grand bol en verre bleu quadrillé.

91 — Paire de burettes en verre décorées de filets et de côtes en relief; les goulots munis de leur bec.

92 — Paire de burettes en verre bleu moucheté d'émail blanc, avec anses et goulots en émail blanc opaque.

93 — Paire de burettes sur piédouche en verre filigrané de blanc ; les goulots sont munis de leurs bourrelets.

94 — Paire de burettes en verre jaspé d'émail blanc; le goulot et l'anse en verre lisse; le bord décoré d'un filet bleu.

95 — Belle burette sur pied élevé en verre opalisé.

96 — Petite burette à pied élevé en verre blanc laiteux, jaspé d'émail de couleurs variées; l'anse, le pied et le goulot en verre laiteux.

97 — Jolie burette en verre imitant l'agate.

98 — Burette en verre violet jaspé de blanc, avec anse et goulot en verre blanc opaque.

99 — Burette en verre filigrané rose et blanc; le bec est muni de son bourrelet.

100 — Paire de burettes en verre vert montées en cuivre doré et ciselé.

101 — Petit flacon en verre imitant l'agate.

102 — Petit flambeau en verre blanc laiteux moucheté d'émail de couleur variée.

103 — Petit broc en verre blanc laiteux moucheté d'émail de couleurs variées.

104 — Deux petits vases à ailerons en verre blanc opaque jaspé d'émail bleu.

105 — Canette en verre bleu émaillée de couleurs diverses.

106 — Petit vase à bec en verre lisse gravé à la pointe et muni d'un long manche en verre tordu.

107 — Bouteille à bec et à large ouverture, en verre imitant l'agate.

108 — Petit vase en verre bleu moucheté d'émail bleu, avec bord et anse en verre blanc opaque.

109 — Paire de petits vases en verre jaune jaspés d'émail de couleurs diverses.

110 — Deux flacons en forme de boules, en verre bleu jaspé de points blancs.

111 — Petit vase à large ouverture en verre jaspé couleur de sang.

112 — Petit broc à anse en verre blanc laiteux jaspé d'émail manganèse.

113 — Petit vase en verre blanc laiteux jaspé d'émail bleu.

114 — Vase en verre blanc laiteux jaspé d'émail bleu.

115 — Petite coupe aplatie et repliée en forme de bateau, en verre dit millefiori.

116 — Deux tasses à présentoirs en verre blanc laiteux décorées de feuillages émaillés en couleurs et imitant la porcelaine.

117 — Tasse à présentoir en verre imitant l'agate et moucheté d'aventurine.

118 — Deux tasses en verre imitant l'onyx.

119 — Bouteille double sur piédouche en verre opalisé.

120 — Broc à couvercle en verre blanc laiteux, orné d'un sujet de bataille, peint en bistre et cuit au feu.

121 — Paire de flacons carrés en verre blanc laiteux, décorés sur chaque face de sujets peints en bistre.

122 — Paire de vases sur piédouche et à deux anses en verre bleu.

123 — Paire de vases sur pied élevé en verre vert à côtes.

124 — Vase à pans surmonté d'un couvercle orné de cabochons en verre bleu et blanc.

125 — Vase allongé à piédouche en verre bleu décoré d'ornements émaillés en blanc.

126 — Vase à long col et à large ouverture en verre côtelé, décoré de deux anses.

127 — Vase à deux anses et à couvercle en verre bleu godronné.

128 — Vase à deux anses et à couvercle en verre godronné.

129 — Vase à large ouverture, à deux anses et à couvercle en verre godronné.

130 — Petit vase à anse en verre jaune strié.

131 — Vase ovoïde à large ouverture ; le piédouche en verre côtelé.

132 — Vase en verre vert avec monture à deux anses en cuivre doré et ciselé.

133 — Deux petits vases en verre vert montés en cuivre doré et gravé.

134 — Grand vase à anse et couvercle en verre blanc laiteux, décoré d'ornements dorés et rehaussés de perles en verre lisse.

135 — Grand vase de forme droite à couvercle en verre bleu gravé à la pointe.

136 — Petite bouteille à anses en verre bleu et à piédouche, dont la panse est formée de deux coquilles en verre blanc.

137 — Bouteille à long col renversé, dont la panse est formée de deux coquilles en verre blanc, ornée de deux ailerons en verre bleu; le goulot évasé se termine par un filet bleu.

138 — Vase, forme bouteille, en verre filigrané blanc.

139 — Grande bouteille en verre lisse à panse écrasée et à long col.

140 — Bouteille à col très-allongé en verre tordu.

141 — Bouteille de forme ronde quadrillée en verre bleu foncé.

142 — Bouteille à pied et à bec à plusieurs renflements.

143 — Petite bouteille à pans décorée de côtes en verre blanc et bleu.

144 — Bouteille à long col, dont la panse représente un personnage grotesque.

145 — Deux flacons en verre bleu mouchetés d'émail blanc.

146 — Autre semblable en verre bleu foncé.

147 — Deux petits flacons à couvercles en verre strié.

148 — Petit flacon à couvercle et à deux anses en verre cannelé.

149 — Petit flacon carré en verre rubis.

150 — Cor de chasse en verre orné de sortes d'écailles en émail blanc.

151 — Cloche en verre ornée de côtes horizontales.

152 — Sonnette en verre lisse avec bouton et battant en argent.

153 — Deux miniatures sur vélin, représentant saint Jérôme et saint Jean, avec cadres-miroirs en verre filé avec coins en cuivre doré.

154 — Petit monument en verre filé, représentant un autel orné de colonnettes en verre de couleurs variées; au centre, une miniature représentant une sainte.

155 — Flambeau en verre blanc avec nœud bleu, dont la tige repose sur un grand plateau.

156 — Deux petits flambeaux en verre bleu.

VERRES ALLEMANDS

157 — Grand vase forme calice à couvercle, à pied élevé, en verre de Bohême, le pied et la panse enrichis de godrons; le calice couvert de gravures représentant des arabesques et saint Georges terrassant le démon.

158 — Grand calice, sur pied élevé, en cristal de Bohême gravé; la coupe décorée d'une frise d'hommes nus enlevant des femmes.

159 — Grand vidrecome en verre de Bohême couvert de gravures représentant des personnages et des ornements.

160 — Très-grand vase, à pied élevé, en verre de Bohême; le calice couvert de gravures représentant des armoiries.

161 — Verre à champagne en Bohême, avec gravures représentant un cep de vigne et une armoirie.

162 — Grand vase calice à bossages, sur pied élevé, dont le nœud est moulé en relief.

163 — Pot à bière en verre de Bohême gravé ; à l'intérieur, un ornement en verre en relief.

164 — Deux grands gobelets en cristal bien taillé.

165 — Grand gobelet en cristal taillé de couleur rubis.

www.ingramcontent.com/pod-product-compliance
Ingram Content Group UK Ltd.
Pitfield, Milton Keynes, MK11 3LW, UK
UKHW021044260726
13994UKWH00005B/2352